ANNE

DE BOULEN,

MÉLODRAME.

ANNE DE BOULEN,

MÉLODRAME EN TROIS ACTES ;

Par MM. FRÉDÉRIC et *¹* ;

Musique de M. ADRIEN, Ballet de M. MAXIMIEN ;

Représenté, pour la première fois, à Paris, sur le THÉATRE DE L'AMBIGU-COMIQUE, le mardi 8 Mai 1821.

PRIX : 75 CENT.

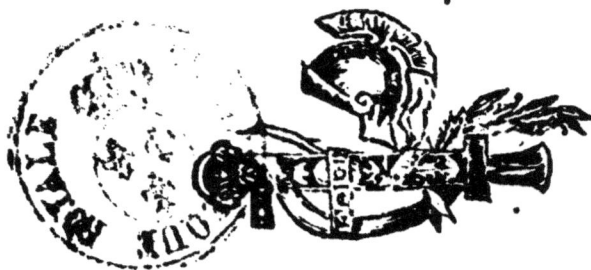

PARIS,
CHEZ QUOY, LIBRAIRE,
ÉDITEUR DE PIÉCES DE THEATRES,
Boulevard St.-Martin, n° 18.

1821.

PERSONNAGES.   ACTEURS.

HENRI VIII........................... M. *Fresnoy.*

ANNE DE BOULEN.................... Mlle. *Lesvesque.*

ELISABETH, leur fille......·.......... Mlle. *Caroline.*

ARTHUR, frère de la reine .... M. *Gobert.*

NORRIS............................. M. *Quénot.*

CRAMMER, archevêque de Cantorbéry.... M. *Villeneuve.*

Lord ALBERGENNY, ministre du roi..... M. *Caron.*

Lady SIDLEY, dame d'honneur d'Elisabeth. Mlle. *Chevalier.*

Lord STAFFORD, membre du conseil royal. M. *Sallé.*

WILLIAMS, ⎱ vieux serviteurs de la reine ⎰ M. *Boisselot.*
SARA, ⎰   ⎱ Mlle. *Palmyre.*

KETT.............................. M. *Joly.*

UN ENFANT......................... Mlle. *Edmée.*

Lords, Courtisans, Dames d'honneur, Pages, Officiers, Soldats,
Villageois et Villageoises.

*La Scène est, au premier acte, au château de Felton ;
Aux deuxième et troisième, au palais de Westminster.
L'action se passe en 1536.*

ANNE DE BOULEN,

Mélodrame en trois Actes.

ACTE PREMIER.

Le théâtre représente un pavillon d'une architecture élégante et riche, dont le fond, à jour, laisse voir de vastes jardins.

SCÈNE PREMIERE.

WILLIAMS, SARA.

SARA.

Vous avez été bien long-tems, Williams.

WILLIAMS.

Dam! j'ai fait une grande tournée, il n'y a pas aux environs de ce château une pauvre chaumière que je n'aie visitée.

SARA.

Je vous entends : il n'y en a pas une qui ne retentisse maintenant des bénédictions qu'on donne à la Reine... digne femme, elle répand le bonheur sur tout ce qui l'entoure!..

WILLIAMS.

Puisse-t-elle faire assez de bien pour réparer tout le mal qu'elle a causé !... Puisse-t-elle ne pas se repentir un jour d'avoir sacrifié tout ce qu'elle devait à sa souveraine à un vain désir de porter une couronne !...

SARA.

Hélas... elle n'est pas heureuse...

WILLIAMS.

La plus vertueuse, la meilleure des Reines, Catherine d'Arragon, la fille des Rois, l'épouse légitime de Henri VIII, est morte dans l'abandon et la douleur... tandis que lady Boulen, fille d'un simple Baronet, était assise sur le trône d'Angleterre; mais de nouveaux changemens se préparent... et bientôt peut-être la Reine que nous servons aujourd'hui regrettera le rang obscur pour lequel elle était née.

SARA.

Que dites vous, Williams, qui peut vous faire croire?...

WILLIAMS.

Mistriss, long-tems attaché au service de la première épouse de Henry VIII, j'ai vu se former l'orage qui l'a perdue... eh! bien, tous les événemens, qui précédèrent le divorce de la princesse Catherine... Je les vois se renouveller aujourd'hui.

SARA.

Est-il possible?

WILLIAMS.

Lorsque le Roi fort jeune encore se prit d'amour pour Anne de Boulen, il éloigna son épouse et la relégua à Wintom... aujourd'hui la Reine n'est-elle pas exilée dans ce château. On surveillait les moindres démarches de Catherine... Anne de Boulen est entourée d'espions, et personne ne peut approcher d'elle, sans l'ordre de son époux... et ce qui redouble mon effroi .. lorsque Henri méditait la rupture des nœuds qui l'unissaient à la princesse d'Arragon, il prétexta de vains scrupules et ne craignit pas d'affirmer que le ciel réprouvait une pareille union... Eh! bien, Sara, le jour même où la mort frappa le fils de notre Reine, peu d'heures après sa naissance, j'entendis le Roi tenir un langage semblable: Dieu me punit! s'écria-t-il avec un accent hypocrite! je l'ai offensé en formant cet hymen... Ces mots dans sa bouche me font frémir pour la Reine!

SARA.

Ah! pourquoi cette bonne lady Boulen a-t-elle consenti à devenir son épouse...

WILLIAMS.

Ce n'est pas elle seulement qu'il faut en accuser... bien des gens voyaient avec peine une princesse catholique sur le trône d'Angleterre; lady Boulen était de la secte de Calvin, ses attraits avaient séduit le Roi, et l'on profita de la passion du monarque... que le ciel la protège!

SARA.

Et personne ne prend sa défense... de toute sa famille, il ne lui reste qu'un frère et il l'abandonne dans un si grand péril!

WILLIAMS.

Depuis long-tems n'a-t-il pas cessé de la voir?

SARA.

Hélas! il ne lui a jamais pardonné d'avoir dédaigné l'alliance du baron Norris auquel il voulait l'unir, pour se livrer à l'amour de Henri, et depuis l'instant où elle est montée sur le trône, il a cessé de paraître à la cour. Sir Arthur est cependant un homme généreux, sensible; on cite partout sa bravoure, sa franchise, sa droiture, et je ne puis croire qu'il montrât pour sa sœur une telle indifférence sans les conseils de ce Norris, qui, sans doute, cherche à se venger aujourd'hui de l'outrage que lui a fait la reine en lui refusant sa main.

WILLIAMS.

Quel bruit !....

SCENE II.

Les Mêmes, KETT,

KETT, *accourant.*

Ah ! monsieur Williams , quelle surprise pour la reine...

SARA.

Que veux-tu dire, Kett.

KETT.

La princesse Elisabeth entre en ce moment au château.

WILLIAMS.

La princesse.

SARA.

Est-il possible !

KETT.

Le gouverneur lord Albergenny a voulu d'abord l'empêcher de pénétrer jusqu'auprès de la Reine, mais la Princesse a pris un ton si absolu qu'il a été contraint de lui céder. Elle approche.

SARA.

Malgré son extrême jeunesse, Elisabeth montre déjà un grand caractère.

KETT.

La voici.

SCÈNE III.

Les Mêmes, ELISABETH, lord ALBERGENNY, lady SEDLEY, Suite.

ALBERGENNY.

J'ose assurer à votre Altesse qu'il m'en a couté beaucoup pour m'opposer à ses desirs... Mais les ordres de sa majesté !...

ÉLISABETH.

Ils ne peuvent me regarder, le roi n'a point ordonné qu'on me refusât la vue de ma mère.

SARA.

Ah ! madame !

ÉLISABETH.

C'est toi, bonne Sara... Que fait la reine !

SARA.

Elle s'affligeait de votre absence, votre arrivée va la combler de joie.

ÉLISABETH.

A-t-elle pu douter de ma tendresse ? serais-je digne de l'amour qu'elle a pour moi, si je pouvais rester loin d'elle dans un jour qui lui retrace tant de glorieux souvenirs, je veux joindre mes hommages aux vôtres, je veux paraître la première dans la fête que vous lui destinez.

WILLIAMS.

Dans la fête...

ÉLISABETH.

D'où vient ce trouble ? Avez vous oublié que c'est aujourd'hui même l'anniversaire de l'époque à laquelle la reine est montée sur le trône d'Angleterre ?

WILLIAMS.

Puisse Dieu l'y maintenir !

ÉLISABETH.

N'auriez-vous fait encore aucun préparatifs.

SARA.

Hélas! (montrant Albergenny.) Milord gouverneur ne nous l'a pas permis.

ISABETH.

Milord, est-il vrai...

ALBERGENNY.

Madame, les ordres du roi interdissent à tout étranger l'entrée de ce château.

ÉLISABETH.

A dieu ne plaise que jamais Élisabeth autorise la désobéissance, mais quelques paysans, arrachés à la misère par les bienfaits de la Reine, quelques familles dont sa main royale a séché les pleurs, peuvent bien être admis à témoigner leur reconnaissance à leur généreuse bienfaitrice.

WILLIAMS.

Ah ! princesse, depuis longtems ils implorent une faveur si précieuse.

ALBERGENNY.

Je vais ordonner qu'ils soient introduits. Madame, peut-être cette condescendance attirera-t-elle sur moi le courroux de mon maître, mais je ne puis résister à votre volonté!

ÉLISABETH.

Milord, j'instruirai-moi même le roi de tout ce qui se sera passé en ce lieu, il m'aime, et je crois pouvoir répondre de son indulgence. Veuillez faire prévenir la reine de mon arrivée! je n'ose encore me présenter devant elle!... Tout ce que je vois ici me cause une émotion... Dans un instant je volerai dans ses bras... Sara, Williams, réunissez nos bons villageois, c'est sur vous que je compte pour m'aider à calmer les peines de ma mère.

(*Ils sortent.*)

7

SCENE IV.

ÉLISABETH, Lady SEDLEY.

ÉLISABETH.

Est-il possible, Sedley, qu'une reine soit traitée avec tant de rigueur.

LADY SEDLEY.

Si j'avais pris tant de soins pour vous laisser ignorer sa situation, c'est que je prévoyais toute la peine que son malheur vous causerait.

ÉLISABETH.

Et pourquoi me taire la vérité... me traitera-t-on sans cesse comme une enfant? Éloignée, par mon goût pour l'étude, du tumulte de la cour, j'ai appris de bonne heure à réfléchir; grâce à tes sages conseils, j'ai su modérer la vivacité de mon caractère, j'aime ma mère de toutes les forces de mon ame, j'admire en elle les qualités brillantes qui l'ont placée sur le trône, je me la représente avec orgueil le jour où, l'emportant sur toutes ses rivales, elle reçut de l'amour de son roi la couronne d'Angleterre; quel triomphe pour elle.

LADY SEDLEY.

Combien ne lui a-t-il pas déjà coûté de larmes.

ÉLISABETH.

Je lui dois d'être la fille d'un des plus puissans roi de l'Europe, et peut-être un jour...

LADY SEDLEY.

Votre altesse a une sœur...

ÉLISABETH.

Une Sœur... Lady Marie, élevée dans les mêmes principes que sa mère, n'a point cessé de reconnaître l'autorité du pape; elle n'a rien fait pour obtenir l'amitié de mon père; et moi... c'est pour la mériter que j'ai consacré tous mes instants à l'étude, si j'ai fait des progrès si rapides, c'est que chacun d'eux augmentait mes droits sur son cœur, enfin j'ai réussi... mon père me chérit, il est fier de sa fille, et j'aime à me flatter que l'Angleterre me voit des mêmes yeux que son Roi.

LADY SEDLEY.

Un moment peut tout vous ravir.

ÉLISABETH.

Tu me l'as dit, mais j'espère...

LADY SEDLEY.

Habitué à voir tout plier sous le poids de son autorité, Henri est le plus impérieux des hommes.

ÉLISABETH.

N'est-il pas roi!..

LADY SEDLEY.

Et cependant vous avez bravé ses ordres; je crains bien...
Voici la reine.

SCENE V.

Les Mêmes, ANNE.

ELISABETH.

Ma mère!

ANNE.

Ma chère Elisabeth, on t'a donc enfin permis de venir embrasser
ta mère.

ELISABETH.

Rien n'aurait pu me retenir loin de toi, si j'avais connu plutôt
tes chagrins, mais chaque jour on me flattait de l'espoir de ton
prochain retour à Londres, et je ne soupçonnais pas que ma mère
eût besoin des caresses et des consolations de son Elisabeth.

ANNE.

Et qui a pu t'instruire?...

ELISABETH.

Le respectable Crammer.

ANNE.

Il est à Londres?

ELISABETH.

C'est pour toi qu'il a quitté sa retraite. Après avoir eu avec le Roi
un long entretien, il obtint d'être introduit auprès de moi : je fus
frappée de la tristesse qui se peignait dans chacun de ses traits, ses
yeux fixés sur moi étaient baignés de larmes, il les levait au ciel
qu'il semblait implorer en ma faveur, puis il laissait échapper ces
mots d'une voix entrecoupée... pauvre enfant, ils veulent sacrifier ta mère... effrayée, je le pressais de s'expliquer et j'appris que
d'indignes courtisans osaient agir contre leur Reine, j'appris que
tu étais retenue prisonnière en ces lieux; ma première pensée,
mon unique désir fut alors de me rapprocher de toi; le Roi avait
quitté la capitale pour prendre dans ses environs le plaisir de la
chasse, je profitai de son absence, personne n'osa me résister et je
me trouve enfin dans les bras de ma mère.

ANNE.

Chère enfant! la preuve de tendresse que tu me donnes en ce
jour adoucit l'amertume de mes peines! Mais, hélas! une telle démarche n'excitera-t-elle pas le courroux de Henri!

ELISABETH.

Rassure-toi, mon père m'aime!

ANNE.

Et moi aussi je me croyais aimée!... cependant..

ELISABETH.

Il te chérit encore... ce n'est pas à lui, mais aux méchans qui l'entourent, qu'il faut attribuer cette injuste rigueur.

ANNE.

Hélas! la haine et l'envie sont armées contre moi, on ne peut me pardonner mon élévation au trône et pour m'en faire descendre on cherche à me perdre dans l'esprit de mon époux.

ELISABETH.

Laisse à ta fille le soin de te rendre au bonheur! Bientôt, je l'espère, le Roi s'empressera d'ouvrir les portes de ta prison, tu triompheras et tes ennemis seront dans la poussière.

ANNE.

Chère enfant! je partage tes espérances; que je puisse paraître aux regards de Henri, qu'il m'entende et mes malheurs finiront... qui s'approche?

ELISABETH.

Ce sont les habitans de ce canton qui viennent te remercier des bienfaits que tu as répandus sur eux.

ANNE.

Quoi! le lord Gouverneur a souffert qu'ils parvinssent jusqu'à moi... quel changement dans ma situation.

ELISABETH.

Ta surprise doit augmenter encore, tu verras tout ce que j'ai su faire depuis que je suis près de toi.

ANNE.

O mon Elisabeth! que ta présence me fait de bien!

SCENE VI.

Les Mêmes, WILLIAMS, SARA, KETT, Paysans, Paysannes.

ELISABETH.

Approchez, mes bons amis; la Reine permet que vous lui présentiez vos hommages.

WILLIAMS.

Ah! madame, c'est ajouter encore à toutes vos bontés.

ANNE.

Mes amis, en protégeant vos chaumières, j'ai rempli le plus doux de mes devoirs. C'est pour veiller à votre bonheur que Dieu daigna me tirer du néant pour m'élever jusqu'au trône.

UN ENFANT.

Madame, on nous apprend à prononcer votre nom, on nous a enseigné à vous chérir, et chaque fois que nous prions pour nos parens nous prions aussi pour vous, car vous êtes notre mère.

ANNE.

L'affection que ces bonnes gens me témoignent est une consolation bien douce pour mon cœur, j'oublie toutes mes peines pour ne songer qu'au plaisir de me savoir aimée.

2

ÉLISABETH.

Eh! qui le mérite mieux que toi; mais ce moment de bonheur n'est pas le seul que tu doives goûter aujourd'hui, il faut que des cris de joie retentissent dans ces lieux trop long-tems témoins de tes douleurs; Williams et Sara se sont chargés de préparer une petite fête.

ANNE.

Une fête!... et Milord a permis...

ÉLISABETH.

Je lui ai dit que telle était ma volonté; il a dû s'y soumettre.

ANNE.

Une fête pour moi... et dans ce château!

SARA.

Notre bonne maitresse, nous sommes si heureux de pouvoir vous l'offrir; ne nous refusez pas.

ÉLISABETH.

Songe que c'est aujourd'hui l'anniversaire du jour où tu fus couronnée Reine d'Angleterre.

ANNE.

Quel souvenir me rappèles-tu?

WILLIAMS.

Que votre Majesté cède à nos vœux, madame, nous vous le demandons à genoux. (*Ils se mettent à genoux.*

SCENE VII.

Les Mêmes, CRAMMER

CRAMMER.

Que vois-je!

ANNE, *sans le voir.*

Un refus vous affligerait, je ne puis m'y résoudre!... Obéissez à la princesse.

SARA.

Ah! merci, notre bonne maitresse.

ÉLISABETH.

Sara, Williams venez avec moi, je vous expliquerai. (*Appercevant Crammer.*) Crammer dans ces lieux!

ANNE, *avec joie.*

L'Archevêque de Cantorbéry!

CRAMMER.

Reine, j'ose espérer que vous vous attendiez à me voir.

ANNE.

Ah! je ne doutais point de votre zèle, mais depuis long-tems seule dans ce château....

CRAMMER.

Un ordre du Roi m'en a ouvert les portes.

ANNE.

Un ordre du Roi.

ÉLISABETH.

Je vous laisse avec ma mère. Puissiez-vous achever mon ouvrage et rendre le calme à son cœur.

(*Elle rentre.*)

SCÈNE VIII.

ANNE, CRAMMER.

ANNE.

Respectable Crammer, votre présc... ranime mon courage; soutenue par vos sages conseils, je puis espérer de résister aux coups de mes ennemis, je puis regagner, enfin, le cœur de mon époux et voir renaître encore des jours de paix et de bonheur.

CRAMMER.

Reine! quand, sacrifiant tout à l'amour que vous lui aviez inspiré, Henri vous plaça sur le trône, je crus qu'il était du devoir d'un sujet fidèle d'opposer aux desirs du monarque une honorable résistance. Mes conseils ne furent point écoutés, le parlement prononça l'acte de divorce, et des nœuds secrets vous unirent au Roi, je devais au peuple l'exemple de la soumission, je le donnai; vos vertus, votre noble caractère m'inspirèrent bientôt le plus sincère attachement, et dans le jour auguste où mes mains ceignirent votre front du diadème, je jurai de vous respecter, de vous défendre comme ma souveraine; le moment est venu; me voilà prêt à tenir mon serment.

ANNE.

Digne ami! vous seul, hélas, n'avez point changé pour moi.

CRAMMER.

Le peuple vous chérit, il vous plaint: vous n'avez usé de votre puissance que pour faire son bonheur; et, dans votre infortune, son amour devient le prix de vos bienfaits.

ANNE.

Je le sais, les courtisans seuls désirent ma chûte, ou plutôt Henri lui-même, épris d'un nouvel amour..

CRAMMER.

Que dites vous, Madame!

ANNE.

N'essayez point de me cacher la vérité! je ne suis que trop bien instruite! Et c'est une femme pour laquelle j'avais l'amitié la plus tendre! en qui j'avais placé toute ma confiance, c'est Seymours qui sacrifie sa Reine, sa bienfaitrice, à son ambition.

CRAMMER.

Mais, Madame, qui donc a pu vous dire?

ANNE.

Apprenez qu'avant mon départ de Londres, sir Arthur partin: à péu'trer jusqu'à moi.

CRAMMER.

Votre frère!... Reine, gardez vous de laisser soupçonner que vous avez pénétré ce funeste secret! que le Roi surtout l'ignore.

ANNE.

Le Roi!

CRAMMER.

Il n'a pris encore aucune résolution; et l'aspect de votre douleur, les prières de la princesse Élisabeth pourront l'attendrir et vous rendre tous vos droits sur son cœur. J'en ai l'espoir, tant que le Prince n'aura point agi contre vous, il sera possible de le ramener, mais si ses desseins étaient connus, vous savez quelle est l'inflexibilité de son caractère; la gloire de son nom, sa couronne même, il sacrifierait tout pour satisfaire ses désirs.

ANNE.

Hélas!

CRAMMER.

C'est à vous, madame, que le ciel a douée de tant de vertus à triompher de son injustice; oubliez que vous êtes offensée, que votre douceur désarme sa colère et qu'une noble résignation prévienne le plus grand des malheurs.

ANNE.

Et comment le pourrai-je, puisqu'il ne veut pas que je paraisse à ses regards.

CRAMMER.

Vous le verrez, madame, il m'en a fait la promesse.

ANNE.

Est-il possible.

CRAMMER.

C'est pour vous l'annoncer, que j'ai obtenu le droit de pénétrer jusqu'à votre majesté.

ANNE.

Que me dites-vous, Crammer! le Roi consent à me voir!... et quand daignera-t-il?...

CRAMMER.

Aujourd'hui!...

ANNE.

Aujourd'hui!...

CRAMMER.

Pendant la chasse, il s'éloignera de sa suite et viendra seul en ces lieux!

ANNE.

Ah! Crammer! c'est à vos sollicitations que je dois cette grâce. Mais qui vient ici? que vois-je? Norris!

SCENE IX.

Les Mêmes, NORRIS.

NORRIS.

Moi-même, Madame, qui, prêt à m'exiler à jamais de ces lieux, n'ai pas voulu les quitter sans vous présenter encore mon respectueux hommage.

CRAMMER.

Norris, une semblable démarche...

NORRIS.

Depuis quelques jours j'errais dans les environs de ce château, décidé à tout entreprendre pour vous voir encore une fois... la crainte de vous compromettre arrêta mon zèle, mais à l'instant où j'ai appris que le vertueux Crammer était près de vous, j'ai bravé tous les obstacles, et j'ai cru pouvoir venir vous annoncer que, résolu de vous servir, je cours trouver sir Arthur et l'instruire des dangers de votre majesté!

ANNE.

Chevalier, je suis sensible à cette marque d'attachement, mais vous n'ignorez pas que, sans un ordre du Roi, personne ne peut pénétrer dans ce château et que vous deviez moins que tout autre vous exposer aux effets de son ressentiment.

NORRIS.

Je sais, madame, que, non content d'avoir détruit le bonheur de ma vie, le Roi voulut me punir d'avoir eu l'audace de prétendre à votre main et que son courroux m'éloigna long-tems de l'Angleterre... mais enfin, rendant à vos vertus un éclatant hommage, il a daigné me rappeler à la cour, et son estime me dédommage des maux qu'il m'a causés. Cependant c'est volontairement aujourd'hui que j'abandonne cette cour, où la vertu la plus pure n'est point à l'abri de la persécution, je vais partager la retraite de votre frère, et l'inviter à embrasser votre défense; Arthur est chéri des soldats, son sang a coulé plus d'une fois pour la gloire de sa patrie, et s'il paraissait près de vous, son appui serait utile à votre cause. C'est l'amitié qu'il me porte qui l'a éloigné de votre majesté, c'est moi qui veux vous le rendre, trop heureux si je puis, même aux dépens de ma vie, assurer le repos de ma souveraine.

ANNE.

Norris, je vous défends de rien entreprendre. Vous ne savez que trop, combien la colère de Henri est redoutable... le sang du noble Buckingham a rougi l'échafaud et Wolsey, longtems comblé des bienfaits de son Prince, est mort couvert d'opprobre...non, je refuse vos secours et j'aime mieux renoncer à la couronne que de causer votre perte.

CRAMMER.

Quel bruit!

ANNE.

Dieu! c'est le Roi.

SCENE X.

HENRI, *en habit de chasse et couvert d'un manteau très simple,*
Lord ALBERGENNY.

HENRI, *surpris de voir Norris.*
Vous ici, Chevalier!.. sans mon ordre.

NORRIS, *avec embarras.*
Sire...

HENRI, *avec sévérité.*
Eloignez-vous. (*au Gouverneur.*) Que personne ne trouble cet
entretien et qu'on garde le plus profond secret sur mon arrivée dans
ce château. (*Tout le monde se retire.*)

SCENE XI.

ANNE, HENRI.

ANNE, *à part.*
Sa vue me fait trembler.

HENRI, *à part.*
Il faut que mon sort se décide.

ANNE, *à part.*
O mon Dieu! inspire-moi les moyens de le fléchir!

HENRI.
Madame, quelque pénible que puisse être pour tous deux un
semblable entretien, il est indispensable.

ANNE.
Sire, il m'est doux de vous revoir, et je n'éprouverai jamais de
peine à vous entendre.

HENRI.
En vous appelant à partager mon trône, je crus assurer mon
bonheur et le vôtre.

ANNE.
Je fus heureuse, tant que je possédai votre cœur, l'estime de
votre majesté.

HENRI.
Les liens qui nous unissent m'ont attiré le blâme de mes peuples;
ils ont porté atteinte à la dignité de ma couronne, et le ciel lui-
même les a réprouvés.

ANNE.
Le ciel!

HENRI.
La colère divine s'est appesantie sur moi; la naissance d'un fils
avait comblé tous mes vœux, il devait être l'héritier de mon nom
et l'espoir de mes sujets... la mort me l'a ravi.

ANNE.

Et c'est en persécutant sa mère, que vous prouvez vos regrets!

HENRI.

Vous persécuter! non, je vous ai trop aimée pour vouloir causer votre malheur, mais je veux regagner l'affection des Anglais, je veux rendre à ma couronne l'éclat qu'elle a perdu, je veux réparer enfin les torts de ma jeunesse, et aucun sacrifice ne me coûtera pour y parvenir.

ANNE, *tremblante.*

Quels sacrifices devez-vous donc vous imposer.... Sire.... vous ne répondez pas?...

HENRI.

Un seul doit suffire; il faut nous séparer.

ANNE.

Nous séparer!

HENRI.

Il le faut.

ANNE.

Et qui demandera la rupture de nos nœuds?

HENRI.

Vous.

ANNE.

Moi!

HENRI.

En vous élevant jusqu'à moi, j'ai tout sacrifié, c'est à vous aujourd'hui à suivre mon exemple.

ANNE.

Sire, en m'accordant votre amour, en me donnant le titre de votre épouse, vous avez fait plus que je n'osais espérer; mais l'éclat du rang suprème ne m'a point fait oublier ce que j'étais avant que je devinsse l'objet de votre choix, et souvent, sans la douceur que je trouvais à me savoir aimée, j'aurais regretté l'heureuse obscurité à laquelle vous m'avez arrachée. Quand je perds votre cœur, puis-je déplorer la perte d'une couronne; non, sire, toujours soumise à vos moindres volontés, je suis prête à descendre du trône où vous m'avez placée; j'irai passer dans la retraite le reste d'une existence dont la douleur doit abréger le cours; mais daignez rassurer la tendresse d'une mère; quand j'immole mon repos à votre bonheur, une fille doit-elle être victime de mon dévouement? partagera-t-elle ma disgrâce, et le malheur de sa mère lui ravira-t-il les droits de votre naissance?

HENRI.

Elisabeth m'est chère, mais l'Angleterre désire un prince; et si le ciel l'accordait à mes vœux, je ne pourrais....

ANNE.

C'en est assez; je vois maintenant la profondeur de l'abîme où vous voulez me précipiter! ainsi que la fille de Catherine, Elisabeth sera sacrifiée, et la honte de sa naissance rejaillirait sur moi!

Ne l'espérez pas, sire, victime de votre inconstance, je puis tout supporter, mais je ne causerai point le malheur de ma fille.

HENRI.

Madame....

ANNE.

Vous avez posé la couronne d'Angleterre sur ma tête, et je la conserverai jusqu'à la mort, si je n'ai que ce moyen de la transmettre à ma fille.

HENRI.

Malheur à vous si vous persistez dans cette funeste résolution, ne connaissez-vous plus Henri VIII? Ignorez-vous donc que rien ne peut résister à ma volonté, que les lois même se taisent quand je commande. Rappelez-vous le sort de Catherine d'Arragon. J'avais résolu de m'en séparer, et nul obstacle ne put m'empêcher d'exécuter ce projet!.... Charles-Quint tenta vainement de s'opposer à mes desirs; fidèle aux intérêts de la cour d'Espagne, Clément VII refusa d'approuver le divorce; je bravai la puissance des Espagnols et l'autorité de l'évêque de Rome; je changeai la croyance de mes peuples, et le titre de défenseur de la foi me donne le droit de tout entreprendre, songez que Catherine était née sur le trône et frémissez en pensant à ce que j'ai pu faire.

Il sort avec Albergenny.

SCENE XII.

ANNE, *seule.*

L'ai-je bien entendu? quelles horribles menaces!...Malheureuse! quel sort affreux m'est réservé!.... Cruel Henri, est-ce donc là ce que je devais attendre de toi! Tu m'opprimes, tu me persécutes! et ta fille Elisabeth n'est point à l'abri de tes fureurs!.... Ah! fais du moins que je sois ta seule victime!

SCENE XIII.

ANNE, CRAMMER.

CRAMMER.

Eh bien, Madame?

ANNE.

Ah! Crammer, je suis perdue.

CRAMMER.

Que me dites-vous... Henri?....

ANNE.

Veut rompre tous les liens qui m'unissaient à lui, et, pour comble de cruauté, il exige que je demande moi-même un divorce qui doit anéantir tous les droits de mon Elisabeth.

CRAMMER.

Grand Dieu!

ANNE.

C'en est fait, Jeanne Seymour triomphe, et je suis sacrifiée!

CRAMMER.

Ne vous livrez point au désespoir, Madame, peut-être est-il possible encore...

ANNE.

Non, Crammer, il n'est plus d'espérance, et maintenant mes malheurs ne finiront qu'avec ma vie!

CRAMMER.

Et comptez-vous pour rien le zèle de vos défenseurs! et la tendre amitié dont le roi lui-même a donné tant de preuves à la jeune princesse?... Je ne saurais nier que de grands dangers vous menacent, mais votre cause est juste, et vous pouvez triompher encore: voulez-vous en croire les conseils du plus dévoué, du plus fidèle de vos sujets?

ANNE.

Parlez, Crammer; j'ai besoin de votre sagesse, car dans le trouble où je suis, je ne sais à quoi me résoudre.

CRAMMER.

Le roi veut que sa visite reste ignorée. Ne trahissez point le mystère dont il lui a plu de s'envelopper. Que votre majesté daigne cacher avec le plus grand soin à tout le monde, et surtout à la princesse Elisabeth, les craintes qu'elle a pu concevoir.

ANNE.

Hélas! elle apprendra trop tôt le sort qu'on lui réserve.

CRAMMER.

Si le roi veut que vous fassiez vous-même la proposition du divorce, c'est qu'il ne se croit pas certain de l'obtenir sans votre consentement. Songez que la différence de religion excite sans cesse de nouveaux troubles dans tout le royaume!... Les catholiques et les réformés s'observent, et chaque parti n'attend qu'un moment favorable pour écraser son ennemi!... Au milieu d'une telle agitation, il serait dangereux de hasarder la moindre imprudence! Henri le sait; les représentations de quelques sujets fidèles, les prières de la princesse, pourront le ramener à des sentimens plus favorables. Son altesse va paraître, que votre majesté daigne me promettre...

ANNE.

Crammer, je suivrai vos conseils, il m'en couterait trop d'affliger ma fille.

SCENE XIV.

Les Mêmes, ELISABETH, Lady SEDLEY, dames de la suite de la reine.

ELISABETH.

Reine d'Angleterre, vos fidèles sujets attendent que vous leur permettiez de paraître devant vous.

Anne de Boulen   3

ANNE.

Ma fille…. Ma chère Elisabeth! (*elle la presse sur son cœur.*)
O mon Dieu, daigne exaucer les vœux d'une mère.

ELISABETH.

Qu'as-tu donc? comme tu parais émue!

ANNE.

Ce n'est rien, ma fille; ce jour me rappelle des souvenirs…

CRAMMER.

Votre majesté permet-elle…?

ANNE.

J'approuve tout ce que vous ferez.

SCENE XV.

Les Précédens, WILLIAMS, SARA, KETTY, JACOB, sa famille;
Villageois et Villageoises, valets, etc.

*Plusieurs valets apportent un siége orné de draperies et de fleurs,
qu'ils placent sur un gradin. Élisabeth y conduit la reine; les
autres se placent un peu plus bas.*

BALLET VILLAGEOIS, *à la fin duquel on apporte un transpa-
rent sur lequel on lit ces mots écrits en lettres de fleurs :*

Juin 1523.
Anne de Boulen est Reine.

Élisabeth pose une couronne de fleurs sur la tête de sa mère,

TABLEAU.

Lord Albergenny paraît au fond, suivi de quelques gardes.

CRAMMER.

Le lord gouverneur!…

SCENE XVI.

Les Mêmes, Officiers, Gardes, Lord ALBERGENNY.

ALBERGENNY, *met un genou en terre.*

Que votre majesté daigne me pardonner, le roi m'enjoint de vous
remettre cet ordre par lequel il vous mande près de sa personne et
m'ordonne de vous accompagner à Londres.

CRAMMER.

Grand Dieu!

ELISABETH.

Qu'entends-je?

ANNE, *après avoir lu.*

Je suis prête à me soumettre aux ordres du Roi.

ELISABETH.

Ma mère.

ANNE, *à lady Sedley.*

Miladi, je vous confie la princesse.

ELISABETH.

Que dis-tu? Je ne te quitte pas ; je veux moi-même te ramener dans les bras de mon père; j'étais bien sûre qu'il ne tarderait pas à te rappeler près de lui et je veux être présente à votre première entrevue.

ANNE, *pleurant.*

Ma fille!

CRAMMER, *à part.*

Infortunée!

ANNE, *se remettant.*

Milord, le roi permet-il que la princesse m'accompagne.

ALBERGENNY, *avec embarras.*

Je ne pense pas que ce soit l'intention de sa majesté.

ELISABETH.

Et pourquoi ne le permettait-il pas? Qu'elle tristesse. Quel ton lugubre.... Ma mère... Ma mère... Je veux partir avec toi.

ANNE.

Elisabeth, l'obéissance est le premier de nos devoirs, pars avec milady; j'espère que nous nous reverrons bientôt. (*Au gouverneur*). Avez-vous donné les ordres nécessaires?

ALBERGENNY.

Tout est prêt, Madame.

ANNE.

Partons.

Elisabeth, interdite et surprise, veut questionner sa mère. Anne l'embrasse avec la plus vive tendresse, fait un salut gracieux à Crammer, et s'éloigne après avoir jeté un regard de bonté sur les villageois. Le Gouverneur et les Officiers la précèdent. Sa fille est près d'elle. Les paysans sont à ses genoux.

La toile tombe sur ce tableau.

ACTE II.

Le théâtre représente un des appartemens du palais de Westminster A droite une table couverte d'un tapis, plusieurs siéges, etc.

SCENE PREMIÈRE.

HENRI, le lord STAFFORD, plusieurs membres de la chambre des Lords.

LORD STAFFORD.

Sire, avant de rien décider dans une affaire qui peut avoir les suites les plus importantes, nous avons cru devoir prendre les derniers ordres de votre majesté.

HENRI.

Que justice soit faite, n'ayez aucun égard au rang de l'accusée ; plus elle me fut chère, plus son crime est grand, et plus la punition doit en être éclatante.

LORD STAFFORD.

Sire, vous ordonnez...

HENRI.

Milords, n'oubliez pas que vous allez prononcer sur le sort de votre Roi!...

LORD STAFFORD.

Sire, les témoins Georges, Burke, Robert, Woodley, Jack, Brown, sir Edouard Clifton et Mistriss Lindsey ont été entendus; mais les déclarations de ces témoins nous ont paru peu importantes et surtout peu dignes de confiance.

HENRI.

Il en est d'autres encore... il en est un surtout dont les dépositions suffiront pour convaincre Anne de Boulen ; vous le verrez bientôt.

LORD STAFFORD.

Les lords Ludwols et Ramsay ont refusé de faire partie du Conseil que vous avez nommé pour prononcer sur le sort de la Reine.

HENRI.

Vous agirez sans eux et je n'oublierai point cette preuve de leur zèle.

LORD STAFFORD.

Sire, sera-t-il permis à la Reine de se défendre?

HENRI, *avec force.*

Que pourrait-elle alléguer pour sa justification?... n'importe ; aujourd'hui même elle paroîtra devant la cour.

UN HUISSIÈR DE LA CHAMBRÉ.

* Milord Albergenny. *

HENRI, *se levant.*

Qu'on l'introduise. Retirez-vous, Milords, vous connaissez mes intentions; j'espère que je n'aurai point à me repentir de vous avoir confié mes plus chers intérêts

(*Les Lords saluent et se retirent.*)

SCENE II.

HENRI, ALBERGENNY.

ALBERGENNY.

Sire, vos ordres ont été éxécutés sans opposer la moindre résistances, sans se permettre la plus légère plainte, la Reine m'a suivi et a pris avec nous la route de Londres.

HENRI.

Cet événement n'a point fait d'éclat?

ALBERGENNY.

Quelqes paysans qui, dans ce moment, entouraient la reine, ont versé des larmes sur son départ.

HENRI.

Ils ont osé la plaindre?

ALBERGENNY.

Mais aucun des seigneurs qui m'accompagnaient n'a laissé échapper la plus faible marque d'intérêt.

HENRI.

Et Norris?

ALBERGENNY.

Conduit en ces lieux, il attend les ordres de votre majesté.

HENRI.

Il a commis une grande imprudence, mais il peut la réparer. Son témoignage m'est indispensable, j'espère qu'il ne me refusera pas Qu'on l'amène devant moi.

Albergenny sort.

SCENE III.

HENRI, seul.

Eh' quoi! l'on hésiterait encore à condamner une femme que je veus abandonner! . C'st en vain; j'obtiendrai de Norris un aveu qui justifiera ma vengeance!... Pourrait il balancer entre la haine ou la faveur de son maître! .. Non, il accusera lady Boulen; il le faut, et je saurai l'y contraindre... La passion que je ressens pour Seymour s'irrite de tant d'obstacles et ne peut plus supporter de délai... La couronne d'Anne de Boulen doit enfin passer sur sa tête… Un divorce solemnel rompra des nœuds que je déteste…. Si j'en crois les fidèles rapports de mes courtisans, je ne suis que juste… La reine, malgré tout cet appareil de vertu, a trahi ma tendresse, et quand elle ne serait coupable que d'avoir été soupçonnée, la femme de Henri doit être à l'abri de la médisance et de la calomnie.

SCENE IV.

HENRI, NORRIS, Gardes.

HENRI.

Chevalier, votre maître, étonné de vous avoir trouvé ce matin dans le château de Felton, désire apprendre de votre bouche le motif d'une semblable démarche.

NORRIS.

Sire, au moment de quitter l'Angleterre, j'ai cru pouvoir, sans encourrir de reproches, présenter mes derniers hommages à ma souveraine.

HENRI.

Mes ordres vous étaient-ils inconnus, et ne saviez-vous pas que les soupçons qui planent sur lady Boulen vous interdisaient sa présence?

NORRIS.

Des soupçons…

HENRI.

Vous-même avez contribué à les faire naître.

NORRIS.

Moi !

HENRI.

La famille de Boulen, autrefois rechercha votre alliance; Anne elle-même vous promit son amour, et ce fut, m'a t-on dit, le cœur plein de votre image, qu'elle osa recevoir le titre de reine.

NORRIS.

Ah ! ne croyez pas…

HENRI.

A peine cet hymen, était-il formé que vous éclatâtes en reproches contre votre amante, vous l'accusâtes hautement d'ambition, de perfidie; jeune et dans l'âge où l'on n'obéit qu'à ses passions, votre dépit s'exhala en discours imprudens, vous oubliâtes que vous aviez un Roi pour rival… Je vous en fis ressouvenir en vous exilant.

NORRIS.

Sire, j'ignore qui a pu me calomnier ainsi auprès de votre majesté; lorsqu'Anne de Boulen récompensa votre tendresse, j'imposai silence à mon amour, et ma douleur seule…

HENRI.

Votre douleur était une injure; un sujet ne met pas de bornes à son dévouement; l'élévation d'âme et le bonheur de votre maître ne

devaient vous causer aucun regret, votre silence au milieu d'une
cour qui s'empressait à célébrer mon hymen, semblait m'accuser
d'injustice.

NORRIS.

Jamais je n'ai prononcé un seul mot dont votre majesté pût
s'offenser.

HENRI.

Votre existence en est la preuve. Ecoutez-moi... la renommée
a dû vous instruire des torts de lady Boulen; enivrée de l'éclat que
j'ai répandu sur sa vie... trop sûre d'un amour qui me rendait
l'esclave de ses caprices, de ses volontés... elle a abusé du pouvoir
de ses attraits... des courtisans ont brigué la faveur de lui plaire
et ses regards ont distingué dans la foule un Norfolck, un Wor-
cester... dont la haute fortune a bientôt indisposé mon peuple...
des commissaires que j'ai désignés moi-même à mon parlement
doivent recevoir les dépositions qui l'accusent... j'ai fait inscrire
votre nom......

NORRIS.

Mon nom!

HENRI.

Parmi ceux qui peuvent fournir d'utiles renseignemens sur la
conduite de la Reine; vous fûtes le premier qui éprouvâtes la puissance de ses charmes et l'inconstance de sa tendresse, vos plaintes
que j'ai recueillies peuvent jetter un grand jour sur le caractère
d'Anne de Boulen... je n'attends plus rien d'un ressentiment qui a
dû s'affaiblir et s'éteindre avec le tems... mais j'ai droit de compter
sur les révélations d'un sujet dont ce moment peut réparer tous les
torts.

NORRIS.

Vous exigez, sire.

HENRI.

Chevalier! votre maître vous offre aujourd'hui le moyen de ren-
trer en grâce avec lui... ce rival couronné n'est plus qu'un protec-
teur puissant qui permet à votre ambition les plus vastes espérances.
Craignez de l'irriter par un refus.

NORRIS.

Sire, en daignant s'ouvrir à moi, votre majesté m'indique la
conduite que je dois tenir, et j'espère qu'elle rendra justice à mon
zèle comme à la franchise de mes discours.

L'HUISSIER.

L'Archevêque de Cantorbery demande à parler à sa majesté.

HENRI.

Allez, Norris, mon chancelier vous expliquera ce que j'attends
de vous.

*Le Roi fait signe à Norris de s'éloigner. Crammer entre et paraît
surpris de voir sortir Norris.)*

SCENE V.

CRAMMER, HENRI.

CRAMMER.

Sire, permettez qu'un sujet fidèle, qu'un ministre de paix, ne consultant que votre gloire et l'intérêt de l'État, élève la voix en faveur d'une infortunée.

HENRI.

Crammer, épargnez-vous une défense inutile. Les crimes de Boulen n'ont que trop éclaté.

CRAMMER.

Le plus grand de tous, sire, est d'avoir perdu votre cœur.

HENRI.

Que voulez-vous dire?

CRAMMER.

Que votre majesté, lasse d'un hymen pour lequel jadis elle changea la croyance religieuse de son royaume, porte aux pieds d'un autre objet les hommages de son nouvel amour.

HENRI.

Crammer!

CRAMMER.

Sire, ma vie vous appartient, vous pouvez me la ravir, depuis long-tems j'en ai fait le sacrifice ; mais n'espérez pas qu'infidèle à l'honorable mission que Dieu m'a daigné confier, j'aille souiller par une infamie le peu de jours qui me reste à passer sur la terre!.. mon devoir est de défendre le faible, l'opprimé, je saurai le remplir.

HENRI.

Le devoir d'un sujet est de respecter la volonté de son souverain.

CRAMMER.

J'en connais un plus sacré, sire, c'est de l'éclairer sur les fautes qu'il va commettre et de lui tendre la main pour l'empêcher de tomber dans le précipice creusé devant lui.

HENRI.

Crammer... ce langage...

CRAMMER.

Est celui de la vérité. Prince, en accusant Anne de Boulen de crimes imaginaires, en la forçant de rompre des nœuds que la religion a consacrés, qu'espérez-vous? ... Satisfaire la nouvelle passion que vous a inspiré Jeanne de Seymour, contracter un troisième hymen, et libre des préjugés qui imposent un frein salutaire au peuple, faire plier à votre gré les lois divines et humaines! Mais sire, ou s'arrêtera cette éternelle inconstance? Si les charmes, si les vertus d'Anne de Boulen n'ont pu fixer un cœur qui avait déjà ressenti un violent amour pour Catherine, Jeanne de Seymour

peut-elle se flatter d'être plus heureuse ? Et si vous n'avez pas craint
d'user... d'abuser de votre autorité pour vous séparer de l'une;
quelle barrière sera assez puissant pour vous retenir auprès de
l'autre ? Lorsque votre majesté aura franchi une fois les bornes de
son pouvoir légitime, rien ne pourra plus l'arrêter ! Et Dieu sait
que de maux je prévois pour l'Angleterre, croyez-moi, Prince,
renoncez à un projet que la religion condamne et que la justice ne
peut avouer, vous êtes époux, vous êtes père, ces titres doivent
ouvrir votre âme à la clémence... si quelques erreurs ont obscurci
les vertus de la Reine, ne vous souvenez que du bonheur qu'elle a
répandu sur votre vie... Les Rois sont l'image de Dieu sur la
terre, prouvez-le à l'Europe entière en usant du plus beau droit
que le ciel ait accordé à l'homme celui de se vaincre et de pardonner.   (On entend du bruit.)

SCENE VI.

ELISABETH, LA REINE, HENRI, CRAMMER, ABERGENNY, Lady SIDLEY.

ABERGENNY.

Sire, voici la reine.

ELISABETH.

Ah ! Sire, lorsque vous rappelez ma mère auprès de votre majesté, fallait-il la séparer de sa fille ?

HENRI.

Elisabeth ! mes enfans doivent à mes sujets l'exemple d'une soumission entière à mes volontés; c'est avec peine que j'ai appris que
vous aviez enfreint mes ordres.

ANNE.

Sire, ma fille n'a pu croire qu'elle vous déplairait en accourant
voir sa mère; sa tendresse filiale a versé un baume salutaire sur mes
peines; grace à mon Elisabeth, j'ai joui de quelques instans de
bonheur; soyez assez généreux pour ne pas me les reprocher.

ELISABETH.

Te les reprocher... oh! j'espère que ce jour verra finir tous les
chagrins. Sire, en daignant me louer quelquefois, sur la rapidité
de mes progrès, vous avez laissé échapper un mot plus flatteur pour
moi que toutes les louanges dues à votre indulgence; elle a, disiez-
vous en parlant de votre Elisabeth, elle a mes traits, mon caractère,
s'il en est ainsi mon bonheur est au comble, puisque vous ne pouvez
manquer d'avoir pour ma mère la tendresse que mon cœur ressent
pour elle.

ANNE, à part.

Aimable enfant!

Anne de Boulen.   4

HENRI.

Elisabeth, une fille soumise doit respecter les secrets qui dirigent la conduite de ses parens, et s'abstenir de chercher à les pénétrer.

ELISABETH.

Mais, Sire, mon intention n'a jamais été de pénétrer le mystère dont votre majesté entoure ses moindres actions, et cependant si je dois régner un jour....

HENRI.

Régner... vous, Elisabeth!

ELISABETH.

La croyance religieuse de ma sœur Marie l'éloigne à jamais du trône d'Angleterre, tandis que moi...

HENRI.

Songez à la faiblesse de votre sexe.

ELISABETH.

Sire, je suis fille de Henri VIII.

CRAMMER, à part.

Puisse l'Angleterre n'être jamais forcée de se le rappeler.

ANNE.

Elisabeth, c'est à votre âge surtout qu'il importe de ne pas abandonner son âme à de trompeuses illusions; crois moi, chère enfant, le bonheur échappe souvent à nos désirs, et ce n'est pas à l'ombre du trône qu'il se réfugie.

ELISABETH.

Où le trouver s'il n'est pas auprès de ma mère?

HENRI.

Lady Sidley, éloignez Elisabeth.

ELISABETH.

Non, je reste, je ne veux plus quitter la reine.

ANNE.

Obéis, ma fille, quelle que soit l'issue de l'entretien qui se prépare sa majesté ne saurait me priver long-tems du plaisir de t'embrasser.

ELISABETH.

Tu le veux... Sire, j'obéis. (*Elle court embrasser sa mère avec tendresse, salue son père, et dit en sortant:*) Ah! quand je serai reine!...

SCENE VII.

HENRI, ANNE, CRAMMER.

ANNE.

Sire, je n'ai pas voulu donner à votre fille le spectacle affligeant de nos dissentions; j'ai épargné à sa jeunesse le récit de mes malheurs et de vos injustices; mais puis-je maintenant espérer que votre majesté daignera s'expliquer avec franchise et me faire enfin connaître les fautes dont je me suis rendue coupable.

HENRI.

Lady Boulen, interrogez votre conscience.

ANNE.

Sire, elle ne me reproche rien.

HENRI.

Vous ajoutez la fausseté à la trahison.

ANNE.

Moi... vous trahir!... Henri pouvez-vous le croire?

HENRI.

Ce matin, cédant encore à un reste d'attachement, je vous ai proposé de réclamer vous-même la dissolution de nos nœuds, je voulais vous épargner l'éclat et les dangers d'un jugement public...

ANNE.

Quoi, Sire?

HENRI.

Douze pairs, désignés par moi, ont été chargés de l'examen des dépositions faites contre vous, et de prononcer sur votre conduite.

ANNE.

Je suis perdue.

HENRI.

Vous vous troublez, madame.

ANNE.

Non, sire, mais j'envisage en ce moment, et pour la première fois, toute l'horreur de ma position.

HENRI.

S'il est vrai que vous soyez innocente.

ANNE.

Que fera mon innocence, si mes juges ont ordre de me trouver coupable?

HENRI.

De pareils soupçons prouvent la crainte que vous inspire la justice.

ANNE.

Ah! sire, qui jamais la redouta moins que moi... lorsque votre majesté laissa tomber sur sa sujette un regard de bienveillance, je me refusai long-temps à l'honneur de partager son trône; un pressentiment affreux me disait que ce haut rang où m'appelait votre amour causerait ma perte, cependant j'employai chacun de mes jours à vous prouver ma tendresse, ma reconnaissance.

HENRI.

Votre reconnaissance, votre tendresse? Ne vous souvient-il plus, madame, que nos nœuds étaient à peine formés que votre légèreté autorisa mes premiers soupçons?

ANNE.

Jeune alors et sans expérience, je crus devoir me faire pardonner mon élévation. La reine Catherine avait encore de nombreux partisans; on m'accusait hautement de la disgrâce du cardinal Wolsey; j'avais des ennemis; j'accueillis sans fierté les grands qui pouvaient s'étonner de ma fortune; j'essayai de ramener, par une conduite affectueuse et bienveillante les amis de Catherine... si ce fut un tort, je m'en accuse.

HENRI.

Lorsqu'aveuglé par mon fol amour, je vous déclarai mes sentimens, votre ambition ne vit en moi qu'un amant couronné; vous désirâtes le trône, et vos refus n'étaient qu'un piège adroit pour y parvenir plus sûrement.

ANNE.

Ah! sire, gardez-vous de croire...

SCENE VIII.

Les Mêmes, L'HUISSIER.

L'HUISSIER.

Sire, le chevalier Arthur sollicite votre majesté de lui accorder une audience.

HENRI.

Arthur!

ANNE.

Mon frère!

HENRI.

Introduisez le chevalier.

SCÈNE IX.

Les Mêmes ARTHUR.

ANNE, *s'avance vers lui.*

Arthur, mon cher Arthur.

ARTHUR *regarde sa sœur sans colère et se tourne vers le Roi.*

Sire, excusez la franchise d'un soldat qui, peu fait au métier des cours, s'adresse à votre majesté pour obtenir justice.

HENRI.

Justice! et de qui?

ARTHUR.

Des calomniateurs de la reine!

HENRI.

Que dites-vous?

ANNE.

O ciel! je te remercie, le malheur m'a rendu mon frère!

ARTHUR.

Des méchans, jaloux de la fortune de ma sœur, ont conspiré contre le repos de votre majesté, des rapports mensongers ont flétri la vertu la plus pure.

HENRI.

Quoi! c'est vous, Arthur, qui venez défendre la reine?

ARTHUR.

Je viens offrir mon secours à l'innocence outragée!

ANNE.

Cher Arthur!....

HENRI.

Vous, dont les discours ont jadis blâmé l'ambition de votre sœur.

ARTHUR.

Sire, ne parlons pas du passé; j'ai fait mon devoir. Si ma sœur m'eût écouté, elle aurait joui d'un bonheur tranquille. Sa vie se serait écoulée sans éclat, mais aussi sans remords, sans dangers. Votre cruel amour vint l'arracher à sa famille pour la porter sur un trône qui n'était pas fait pour elle. Dès ce moment, je crus devoir l'abandonner à son bonheur pour porter des consolations au mortel généreux dont elle avait dédaigné la tendresse; je refusai les dons du monarque, et je consacrai mon bras à mon pays; je n'attendis rien de la faveur, mais j'espérai tout de la justice, et c'est elle qui me conduit en ce jour aux pieds de votre majesté.

ANNE.

Sire, vous l'entendez! Arthur me défendrait-il, s'il me croyait coupable?

HENRI.

Arthur, cette démarche est sans doute un hommage à l'amitié, mais en repoussant imprudemment les accusations dont votre sœur est l'objet, votre zèle s'égare....

ARTHUR.

Non, sire, l'innocence de ma sœur m'est démontrée, et je la défendrai contre l'univers entier.

HENRI.

Et si je l'accusais?

ARTHUR.

Vous, sire?

HENRI.

Moi-même.

ARTHUR.

Si ma sœur était parvenue à ce comble de malheur, qu'elle dût voir son époux et son Roi se joindre à ses ennemis, ce serait un motif de plus pour ne pas l'abandonner.

ANNE.

Ah! qu'un pareil moment efface de peines!

ARTHUR.

Mais, sire, vous cherchez vainement à m'effrayer; il est impossible que le même monarque qui arracha ma sœur au néant pour la placer sur le trône, veuille aujourd'hui détruire son propre ouvrage, et déshonorer celle sur laquelle il attirait autrefois l'amour et le respect de ses sujets.

HENRI.

Arthur, votre sœur s'est rendue indigne du rang qu'elle occupait.

ANNE.

Mon frère, vous ne le croyez pas.

ARTHUR.

Sire, les rois sont bien malheureux, puisqu'en les soumettant à toutes les passions humaines le ciel leur a accordé le pouvoir de les satisfaire impunément. Catherine d'Arragon partageait votre trône, lorsque vous vîtes ma sœur; et bientôt un divorce éclatant déclara Catherine d'Arragon indigne de régner.

HENRI.

Qu'osez-vous dire?

ANNE.

Mon frère!

CRAMMER.

Arthur!

ARTHUR.

Sire, puisqu'un tel soupçon blesse à ce point votre majesté, imposez donc silence à la foule des courtisans qui proclament hautement le nom de la jeune beauté que votre amour veut élever au rang de ma sœur.

HENRI.

Téméraire!

ARTHUR.

Ordonnez qu'on éloigne de cette cour, envieuse de votre gloire, le jeune Seymour.

HENRI.

Si vous prononcez un mot de plus...

ARTHUR.

En entrant dans ce palais, j'ai prévenu mes amis qu'ils ne devaient plus compter me revoir.

ANNE.

Ah! mon frère, pourquoi ajouter à mes tourmens. Au lieu d'aigrir le roi par des reproches, cherchons-le à le fléchir par des prières.

HENRI.

Non, madame, cet hymen que ma faiblesse a contracté doit être rompu par les lois, et celle qui, par sa conduite, outragea la majesté du trône, doit recevoir la juste punition de son crime.

ARTHUR, à sa sœur.

Etes-vous coupable?

ANNE.

Moi!

ARTHUR, plus fortement.

Répondez, êtes-vous coupable?

ANNE.

Non, mon frère. Dieu qui lit au fond de nos cœurs sait que je suis innocente.

ARTHUR.

Ma sœur, ma vie est à vous.

HENRI.

Vous, innocente! lorsque les juges...

ANNE.

Sire, je proteste contre les décisions d'un tribunal présidé par le duc de Suffolk, votre beau-frère.

HENRI.

Lorsque des témoins!...

ANNE.

Vous n'en trouverez pas.

HENRI.

Arrêtez, madame, et n'abusez pas des droits d'un accusé; cette arrogance s'évanouira d'elle-même à l'aspect du premier témoin que je produirai devant nous. Il en est un surt Jont la présence seule confondra votre audace; je veux qu'Arthur l'entende, afin que, convaincu de votre crime, il renonce à vous défendre, et vous abandonne à la juste sévérité des lois. Paraissez, chevalier.

SCENE X.

LES MÊMES, NORRIS.

TOUS, *avec étonnement.*

Norris!

HENRI.

Venez arracher le masque de vertu dont se couvre une reine criminelle.

ANNE, *à part.*

Se peut-il?

NORRIS.

Sire, est-ce donc en ces lieux que je dois me faire entendre?

HENRI.

Parle, Norris, ton maître te l'ordonne.

ARTHUR.

Norris, tu pourrais te joindre aux ennemis de la Reine!

NORRIS,

Le roi commande. Je n'ai plus rien à ménager.

HENRI.

Parle, qu'aucun sentiment de pitié ne t'arrête.

CRANMER, *avec le ton du reproche.*

Vous aussi, malheureux!

NORRIS.

J'ai promis de dire la vérité, nulle puissance au monde ne me fera manquer à ma parole.

ANNE.

Qu'elle seule t'inspire, et je n'ai rien à redouter.

NORRIS.

Je jure par l'honneur, par le Dieu qui m'entend, par tout ce que j'ai de plus sacré dans le monde, que la reine est.... innocente.

Tous font un mouvement de surprise et de joie.

HENRI.

Misérable !

NORRIS.

C'est le nom que je mériterais si je pouvais m'unir à ses persécuteurs.

ARTHUR, *lui tendant la main.*

Je retrouve mon ami.

HENRI.

N'espère pas te soustraire à ma vengeance.

NORRIS.

Que la reine vive honorée, estimée et je meurs satisfait. Oui, sire, et prêt à payer de ma tête ce dangereux aveu, je déclare qu'Anne de Boulen, reine d'Angleterre, est innocente, et que les crimes qu'on lui impute sont autant de faussetés inventées à plaisir par ses ennemis. Sire, j'en appelle au jugement de Dieu, et suis prêt à défendre, les armes à la main, l'honneur et la gloire de ma souveraine !

HENRI.

Qu'on s'empare de ce traître ! que la reine soit conduite au tribunal institué pour juger de son sort.

CRAMMER.

Ah ! Sire, révoquez cet ordre...

HENRI.

Obéissez. (*Le roi écrit à sa table.*)

NORRIS.

Quel que soit le sort qui m'attend, le plus horrible n'a rien qui m'effraie, et même au pied de l'échafaud mes derniers mots seront encore : la reine est innocente !   *Il sort avec les gardes.*

ANNE.

Sire, je n'ose me flatter que votre majesté écoutera la voix de la justice ; mais j'espère encore que Henri VIII se souviendra qu'il est le père d'Elisabeth.

HENRI, *au chef des gardes.*

Portez cette lettre au duc de Suffolk, elle contient mes volontés ; je me repose sur lui du soin de les faire approuver par la cour.

Le garde sort.

ARTHUR.

Et moi je vole à ce tribunal y plaider la cause du malheur ! ou les juges qui le composent seront sourds au cri de leur conscience, ou je parviendrai à faire triompher l'innocence et la vertu.

Il sort avec la reine et les gardes.

SCENE XI.

CRAMMER, HENRI.

HENRI.

Efforts inutiles, le sort d'Anne de Boulen est décidé.

CRAMMER.

Quoi, Sire, vous persisteriez dans ce projet barbare?

HENRI.

Crammer, je respecte votre âge, cette espèce d'autorité que vous donne votre saint ministère, et surtout la réputation de vertu que vous vous êtes acquise; mais cessez d'opposer à mes desirs la sévérité d'un ministre des autels! Souvenez-vous qu'une fois deja votre souverain vous a conservé sa confiance malgré les accusations des lords Winchester, Lincoln et Rivers. Songez qu'on vous reproche de blâmer en secret les dogmes religieux que j'ai établis en Angleterre, et que vous seriez perdu si je daignais m'abaisser jusqu'à servir la haine de vos ennemis. Je consens à respecter la haute dignité dont vous êtes revêtu, mais n'oubliez pas qu'on résiste difficilement aux volontés d'un monarque qui s'est soustrait à la religion de Rome, pour n'avoir point de maîtres.

CRAMMER.

Ah! sans appeler à mon secours la religion qui prêche le pardon des offenses, permettez que je vous rappelle votre propre intérêt. Sire, ce pays est encore partagé en deux croyances qui n'attendent qu'un prétexte pour éclater, ne réveillez pas les haines, les persécutions... la reine a de nombreux partisans...

HENRI.

Et c'est par la crainte que Crammer veut me forcer à sauver Anne de Boulen du supplice qu'elle a mérité! Ce peuple, dont il me menace a appris à me connaître; il me hait peut-être, mais il m'obéit; il me mépriserait bientôt s'il apprenait qu'il m'inspire la plus légère crainte. Que lui importe d'ailleurs l'existence de lady Boulen! sa mort viendra-t-elle ajouter à ses charges, à ses malheurs... non, s'il donne quelques regrets à une femme dont mon intérêt demande le sacrifice, il viendra se prosterner de nouveau aux pieds de celle que je chargerai de la couronne. Des fêtes effaceront de sa mémoire jusqu'au nom de Boulen.

CRAMMER.

Mais la jeune Elisabeth?..

HENRI.

Elle aura le sort de lady Marie.

CRAMMER.

Et si le ciel, pour vous punir, frappait de stérilité votre nouvel hymen!... A combien de déchiremens ces deux princesses n'exposeraient-elles pas l'Angleterre! Nées sur le trône, armées de prétentions égales, elles allumeraient parmi nous les flambeaux de la guerre civile, guerre alors d'autant plus désastreuse, que la différence des religions la rendrait terrible. Sire, n'exposez pas notre pays à ce malheur, ne déshéritez pas par un divorce singlant la jeune Elisabeth; que le sort de votre fille vous touche, abandonnez un projet dont la réussite porte une atteinte éternelle à votre gloire. Prenez pitié de votre peuple, de vous-même, Sire, j'embrasse

Anne de Boulen. 5

vos genoux, je ne les quitterai que lorsque votre majesté aura accordé à mes prières le salut de la reine.

SCENE XII.

Les Mêmes, ELISABETH, *accourant.*

ELISABETH.

Le salut de la reine! ah! sire, il est donc vrai, l'ordre qui ramenait ma mère auprès de vous, ces soldats...., ce tribunal... Tout m'éclaire, et je frémis malgré moi.

HENRI.

Elisabeth, imposez silence à vos plaintes.

ELISABETH.

Sire, votre majesté ne veut pas me priver de celle qui m'a donné le jour...

HENRI.

Appaisez-vous.

ELISABETH.

Et moi qui me félicitais de ce retour, qui croyais son bonheur assuré.

HENRI.

Vous la reverrez bientôt, et si son innocence est reconnue...

CRANMER.

Sire, quelle que soit la décision de la cour, elle peut satisfaire vos passions, mais elle ne saurait étouffer vos remords!... On ne doit laisser à la reine le tems ni les momens de se justifier!... Elle ne paraît devant ses juges que pour entendre son arrêt qui leur est dicté d'avance.

ELISABETH.

Non, je ne puis le croire! Défenseur des opprimés, le parlement proclamera l'innocence de la reine, et mon père s'empressera de lui faire oublier les maux qu'il lui cause en ce moment.... Mais, qu'entends-je?...

CRANMER.

Une députation du conseil royal.

HENRI.

Quelle sera leur décision?

ELISABETH.

O ma mère! osera-t-on te condamner!

SCENE XIII.

Les Précédens, lord STAFFORD, quatre Lords, Officiers, Suite, etc.

LORD STAFFORD.

Sire la cour a prononcé.

ELISABETH, *à part.*

Je tremble !

HENRI.

Eh bien , Stafford ?

LORD STAFFORD.

Lady Boulen a nié tous les faits qui lui sont imputés; sir Arthur, son frère, a plaidé sa cause avec la plus grande énergie,
mais les dépositions des témoins n'ayant pu être affaiblies par les
dénégations de l'accusée , Anne de Boulen a été condamnée.

ELISABETH.

Condamnée !...

CRAMMER.

Et voilà la justice des hommes !...

HENRI.

Quel doit être son sort ?

LORD STAFFORD.

Lady Anne de Boulen est déclarée indigne du trône ; les nœuds
qui l'attachaient à votre majesté sont rompus... et convaincue
de haute trahison, elle doit subir le peine capitale.

ELISABETH.

Ma mère! ô mon dieu !...

CRAMMER.

Sire, cet arrêt n'est rien sans votre approbation.

ELISABETH, *se jetant à genoux.*

Mon père ! pourrais-tu attenter à ses jours !... signeras-tu cette
sentence fatale! oseras-tu commander le supplice de celle dont la
tendresse a fait le bonheur de ta vie ; prends pitié des larmes de
ta fille, que ses prières fléchissent ton courroux et ne me refuse
pas la grâce de ma mère.

HENRI, *après un moment de silence et d'incertitude , jetant sur la
table l'arrêt qu'on lui présente.*

Calmez-vous, Elisabeth , il n'est point de fautes qu'un roi ne
puisse pardonner, et si Anne de Boulen se soumet sans murmurer
au divorce que la cour a jugé nécessaire...

Grand bruit au dehors; cris confus.

SCENE XIV.

Les Mêmes, ALBERGENNY, Officiers et Gardes.

ALBERGENNY , *entrant précipitamment.*

Sire , le bruit de la condamnation de lady Boulen s'est répandu dans la capitale et ses partisans se sont armés dans le des-
sein de la soustraire au supplice.

HENRI.

Qu'entends je ?...

ALBERGENNY.

Des groupes considérables se forment aux environs de ce palais ; des artisans ont abandonné leurs travaux pour se joindre aux rebelles ; Arthur est à leur tête : ils demandent à grands cris la grâce de la reine.

HENRI.

La grâce de la reine !... et c'est ainsi qu'ils espèrent l'obtenir. (*Prenant la plume pour signer l'arrêt.*) Je n'hésite plus !...

ELISABETH, *se précipitant sur sa main et lui arrachant la plume.*

O ciel !... Non, tu ne signeras pas la condamnation de ma mère !...

HENRI, *avec fureur.*

Téméraire !...

CRAMMER ET TOUS LES COURTISANS, *se précipitant aux genoux du Roi.*

Grâce !.. grâce !.

Tableau général.

Fin du deuxième acte.

ACTE III.

Le théâtre représente une vaste et riche salle du palais de White-Hall.

SCENE PREMIERE.

SARA, Dames de la reine.

Au lever du rideau, Anne est debout, près d'une croisée ; elle semble regarder attentivement ce qui se passe à l'extérieur. Sara et les dames l'entourent et paraissent plongés dans la douleur.

ANNE.

Le tumulte s'accroît à chaque instant... La foule entoure le palais ; ses cris pénètrent jusqu'à moi. Ah ! cette multitude égarée me perd en voulant me sauver.

SARA.

Ne le croyez pas, madame ; ils vous conserveront à notre amour.

Leur nombre, leur courage, tout me l'assure! Par le chef qui les dirige, jugez de ce que vous devez en attendre! C'est sir Arthur.

ANNE.

Mon frère!

SARA.

Lui-même.

ANNE.

O ciel! j'étais donc destinée à faire le malheur de tout ce qui m'entoure! Norris est dans les fers; mon frère est à la tête d'une révolte : et c'est pour moi que tous deux ont affronté la mort!... C'est moi qui les livre au glaive des bourreaux...

SARA.

Lord Albergenny s'avance, que vient-il nous apprendre?

SCENE II.

Les Mêmes, ALBERGENNY, Officiers, Gardes.

ALBERGENNY, *vivement.*

Madame, quelques insensés ont osé lever l'étendart de la révolte, et menacer le palais de leur souverain; Henri, cédant aux instances de ses fidèles sujets, a consenti à s'éloigner de ces lieux jusqu'au moment où la réunion de ses gardes lui permettra de s'y présenter en maître; sa majesté m'a donné l'ordre de vous conduire à la tour de Londres, où elle-même vient de se rendre.

ANNE.

Milord, je suis prête à vous suivre.

SARA, *se jettant à ses genoux.*

Ah! madame!

Toutes les femmes l'entourent en pleurant.

ANNE.

Calmez-vous, mes amis, vos larmes affaibliraient mon courage. Milord, vous est-il défendu de m'instruire du sort de ma fille?

ALBERGENNY.

Non, madame. Lady Elisabeth se dispose à quitter ce palais pour se rendre à Windsor.

ANNE, *avec un soupir.*

Ainsi, je ne la verrai plus... Sara, dites-lui bien que je n'ai jamais cessé de la chérir, et que les derniers vœux de sa malheureuse mère seront encore pour elle. Conduisez-moi, messieurs.

A l'instant où la reine s'avance, on entend un grand bruit.

ELISABETH, *de la salle voisine.*

Ma mère! où est ma mère!

ANNE.

C'est elle! O mon Dieu, je te remercie je pourrai l'embrasser encore!...

SCENE III.

Les Mêmes, ELISABETH, suivie de lady SIDLEY et de de deux Grands-Officiers de la maison du roi.

ELISABETH.

Ah! je te retrouve enfin!

ANNE.

Ma chère Elisabeth!

ELISABETH.

On voulait me forcer à partir sans m'accorder la permission de te voir... Ma mère, dans ce moment je ne puis te quitter, ces gardes qui t'entourent, ce lugubre appareil!... C'est pour t'assassiner qu'ils éloignaient ta fille.

ANNE.

Elisabeth.

ELISABETH.

Non, non, rien ne pourra me séparer de toi. Je sauverai tes jours ou le même coup nous frappera toutes les deux.

ANNE.

Ma fille, les ordres du roi....

ELISABETH.

J'avais fléchi son courroux; a-t-il donc signé cette fatale sentence?

ALBERGENNY.

Princesse, sa majesté m'a chargé de conduire la reine à la tour de Londres, et je réponds sur ma tête de l'exécution de ses volontés.

ELISABETH.

Qui de vous osera l'arracher de mes bras?

ALBERGENNY.

Au nom de Henri VIII, votre souverain et le nôtre, retirez-vous, madame.

ÉLISABETH.

Jamais, jamais. (*Les gardes font un mouvement.*) Anglais, respectez votre reine!

On entend des cris de vive Anne de Boulen.

ALBERGENNY.

Le désordre augmente!

ÉLISABETH.

Ces cris sont le présage de ta délivrance. Arthur t'arrachera des mains de tes bourreaux.

ALBERGENNY, *aux officiers.*

Imitez-moi, Messieurs.

Il veut s'emparer de la reine.

ÉLISABETH.

Non, tu ne mourras point. (*Voyant que la reine lui échappe,
elle court à la fenêtre ouverte*) Anglais, Anglais, délivrez votre
reine qu'on veut traîner à l'échafaud!

ALBERGENNY.

Que faites-vous, madame.

ÉLISABÉTII.

Je sauve ma mère!

Le bruit augmente; des officiers entrent.

UN OFFICIER.

Milord, les révoltés se précipitent en foule dans les galeries du
palais.

ANNE.

Qu'as-tu fait, ma fille?

ALBERGENNY.

Essayons de nous frayer un passage, et courons rendre compte
au Roi de ce qui se passe en ce lieu.

Il veut sortir, Arthur paraît.

SCENE IV.

Les Précédens, ARTHUR, RÉVOLTÉS.

ARTHUR, *à Albergenny.*

Arrêtez, milord, ou c'est fait de vous.

ALBERGENNY.

Arthur, n'espère pas me faire partager ton crime.

ARTHUR.

Arrêtez, vous dis-je, ou je ne pourrais répondre de vos jours;
deux des favoris de Henri VIII viennent d'être immolés.

ANNE.

Et vous avez permis un pareil attentat!

ARTHUR.

Je n'ai pu l'empêcher. Maintenant encore je ne suis maître de lui
conserver la vie, que s'il consent à se soumettre.

ANNE, *à Albergenny.*

Qu'exige-t-on de moi?

ARTHUR.

Milord, allez trouver Henri; dites-lui que le jugement qui a
condamné Anne de Boulen a exaspéré les Anglais et que le peuple,
comblé des bienfaits de la souveraine, a résolu de la soustraire à la
mort!... (*Se rapprochant du lord et baissant la voix.*) Dites-lui
qu'Arthur n'a consenti à se mettre à la tête qu'afin d'éviter les plus
funestes excès!... (*Haussant la voix.*) Mais Henri peut d'un seul
mot rendre la paix à la capitale; qu'il respecte les jours d'Anne de
Boulen, et nous remettons notre sort à sa générosité. Si de perfides

conseillers l'empêchaient de se rendre à nos vœux, apprenez-lui que Jeanne Seymour est en notre pouvoir, et que lui seul répondra devant Dieu du sang qui sera versé.

ALBERGENNY.

Arthur, se peut-il qu'un guerrier tel que vous?...

ARTHUR.

La reine est ma sœur. Si le parlement ne s'était pas montré sourd à la justice, la révolte n'eût point éclaté, Henri seul peut réparer cette faute; que la mort d'une femme qui porta sa couronne ne flétrisse point la gloire de son règne, qu'il accorde une amnistie générale, et dussé-je en être seul excepté, je cours me remettre entre ses mains.

ANNE.

Milord, n'épargnez rien pour fléchir sa colère; hélas! que ne m'est-il permis d'embrasser ses genoux, et d'obtenir même, aux dépens de ma vie, le pardon d'un crime dont je dois seule m'accuser.

ALBERGENNY.

Comptez sur moi, Madame, puissé-je le décider à la clémence, puissé-je ne reparaître en ces lieux que pour vous annoncer la fin de vos malheurs.

ARTHUR, *aux révoltés.*

Accompagnez Milord, et veillez à ce qu'il ne lui soit fait aucune insulte; notre cause est juste, n'oublions pas que le moindre excès peut la flétrir.

Il sort.

SCENE V.

ANNE, ÉLISABETH, ARTHUR.

ÉLISABETH.

Sire Arthur, c'est à vous que je devrai le salut de ma mère!

ANNE.

Nous sommes seuls, mon frère, et je puis maintenant vous parler sans réserve. Votre dévouement mérite toute ma reconnaissance, mais plus vous vous montrez généreux envers moi, plus je serais coupable si j'abusais de votre amitié pour vous entraîner dans ma perte; en vous plaçant à la tête des rebelles, vous n'avez vu que le danger qui menaçait mes jours, c'est à moi de vous montrer les périls auxquels une telle démarche vous expose.

ARTHUR.

Je les connais et ne m'en effraye pas.

ANNE.

Je ne m'abuse plus, ma mort est résolue, et rien ne peut me soustraire au supplice.

ÉLISABETH.

Que dis-tu?

ANNE.

Espérez-vous fléchir un monarque irrité en soulevant son peuple
contre son parlement? Ce que vos prières, ce que les larmes de ma
fille n'ont pu obtenir, espérez-vous forcer Henri à vous l'accorder?
En vous armant contre votre souverain, vous justifiez l'arrêt qui me
condamne, et chacun de vos succès me rapproche de l'échafaud.

ÉLISABETH.

Peux-tu blâmer ceux qui prennent ta défense?

ARTHUR.

Eh quoi! faudrait-il tomber sans se plaindre sous les coups d'un
despote qui se joue également de l'honneur d'une femme et de la
vie de ses sujets. J'ai combattu pour lui et, pour prix de mes services, il sacrifie à sa rage ma sœur et mon ami; non, je vous
sauverai, je sauverai Norris, ou je partagerai votre sort.

ANNE.

Arthur, au nom de la tendresse que vous m'avez jurée, au
nom de mon vertueux père, cessez de braver la colère du prince,
abandonnez les rebelles, et, privés de leur chef, ils ne tarderont
pas à se soumettre.

ARTHUR.

Puis-je trahir ceux qui se sont armés pour votre défense?

ANNE.

Il le faut.

ARTHUR.

Jamais.

ANNE.

Malheureux! vous courez à la mort.

ARTHUR.

Je l'ai bravée cent fois dans les combats.

ANNE.

Songez à la rigueur de Henri.

ARTHUR.

Elle ne saurait surpasser mon courage.

ANNE.

Mon frère, j'embrasse vos genoux.

ARTHUR.

Que faites-vous?

ELISABETH.

Seigneur, ma mère est perdue si vous cédez à ses prières.

ARTHUR.

Non, vos instances sont inutiles, il m'en a coûté de prendre
ce parti; mais la cruauté de vos juges m'y a contraint et quand
maintenant je voudrais y renoncer, pensez-vous que Henri me
pardonne : en serai-je moins coupable à ses yeux... Non, je ne
me sauverais pas, et j'assurerais votre perte. Si je réussis à conserver vos jours, je n'aurai rien à regretter; si le jugement qui

vous condamne doit être exécuté, Henri peut me frapper aussi, je ne lui demande d'autre grâce que celle de ne pas vous survivre.

ELISABETH.

L'archevêque de Cantorbéry s'avance!

ANNE et ARTHUR.

Crammer!

SCENE VI.

Les Mêmes, CRAMMER.

ARTHUR.

Digne ami, qui vous amène près de nous?

CRAMMER.

Sir Arthur, je n'accorde mon amitié qu'aux hommes qui s'en montrent dignes.

ARTHUR.

Qu'entends-je? vous blâmeriez aussi...

CRAMMER.

Un soldat qui tourne contre sa patrie les armes qu'il a reçues pour la défendre se déshonore à mes yeux.

ARTHUR.

Fallait-il donc laisser sacrifier ma sœur?

CRAMMER.

Insensé! savez-vous quel effet a produit la nouvelle de votre révolte sur l'esprit de ce prince? Il périront tous, s'est-il écrié avec l'accent de la fureur.

ELISABETH.

O ciel!

CRAMMER

Et sur-le-champ, pour montrer à quel point il méprisait les efforts de la populace, il n'a pas craint de violer les priviléges de la ville de Londres, en ordonnant d'y introduire des troupes.

ANNE.

Malheureux Arthur!

CRAMMER.

Effrayé des excès auxquels pouvait le porter son indignation, surtout lorsqu'il eut appris que lady Seymour était au pouvoir des rebelles, j'embrassai ses genoux et le conjurai de se montrer généreux; quelques serviteurs fidèles joignirent leurs prières aux miennes, lord Albergenny arriva et lui rendit compte de tout ce qui s'était passé dans ce palais; sa colère parut s'appaiser. Après quelques instans de silence, vous l'emportez, nous dit-il, j'épargnerai les jours d'Anne de Boulen, satisfait de voir rompre les nœuds qui l'unissaient à moi, je consens qu'elle vive.

ELISABETH.

O ma mère!

CRAMMER.

Aussitôt il fit publier qu'il accordait amnistie pleine et entière à tous ceux qui, sous deux heures, seraient rentrés dans le devoir, il m'a chargé de vous annoncer sa généreuse résolution, et je me suis empressé d'accourir pour calmer la terreur de la reine et bénir avec elle la clémence du souverain.

ANNE.

Ah! Crammer, de quel poids vous soulagez mon cœur! Arthur, le roi vous pardonne, je n'ai plus rien à desirer.

ARTHUR.

C'est maintenant que je sens toute l'étendue de ma faute, dût-il m'en coûter la vie je la réparerai.

CRAMMER.

Déjà les rassemblemens se dispersent, le peuple, satisfait d'avoir obtenu la vie de sa souveraine, bénit son prince, et les cris de vive le roi, vive la reine, se font entendre de toutes parts. Le monarque, que je précède de peu d'instans, s'avance vers ce palais, environné d'une foule d'Anglais de tout âge, que peuvent à peine contenir les gardes qui escortent le roi.

ELISABETH.

O mon père! qu'il me sera doux de te revoir.

On entend les cris de vive le roi.

CRAMMER.

Le voilà.

ARTHUR.

Comment oserai-je soutenir ses regards!

ANNE.

Que de gardes l'environnent! ô mon dieu! est-il bien vrai qu'il veuille pardonner.

SCENE VII.

Les Mêmes, HENRI, Gardes, Peuple.

ARTHUR, *un genou en terre.*

Sire, je vous rends mon épée, je la tirai souvent contre les ennemis de votre majesté; je la dépose à ses pieds comme un gage de ma soumission.

ELISABETH.

Mon père, permets moi de baiser la main qui vient de signer la grâce de ma mère.

HENRI.

Elisabeth! quel devrait être le sort de l'enfant dénaturé qui excite mes sujets à s'armer contre moi et à violer l'asile de leur souverain.

ELISABETH.

Sire... tremblant pour les jours de ma mère...

HENRI.

Retirez vous dans votre appartement, vous connaîtrez bientôt
mes volontés.

ANNE.

Sire, sa tendresse pour moi a seule causé sa faute, par pitié, ne
l'en punissez pas.

HENRI.

Qui n'a pas su respecter les droits du trône est indigne d'y mon-
ter. Lady Elisabeth, préparez-vous à partir pour Windsor.

ELISABETH.

Je n'implore qu'une seule grâce, c'est celle de ne jamais me séparer de ma mère.

HENRI, *à ses officiers.*

Messieurs, conformez-vous exactement aux instructions que vous
avez reçues de moi. Que tout rentre dans l'ordre. Crammer, accompagnez lady Elisabeth.

Elisabeth sort.

SCENE VIII.

HENRI, ANNE, ARTHUR.

ARTHUR.

Sire, l'archevêque de Cantorbéry nous annonçait votre clémence,
et votre majesté n'a montré jusqu'ici que l'intention de punir.

HENRI.

Arthur aurait-il l'audace de vouloir imposer des conditions à son
maitre.

ARTHUR.

Sire, la condamnation de la reine avait excité l'indignation générale. Je parais, et soudain tout le peuple se rassemble, l'artisan,
l'ouvrier abandonne ses travaux, des femmes, des vieillards, des
enfans se joignent à la foule qui me presse et m'environne! Des
cris tumultueux se font entendre et les plus grands malheurs, menacent votre capitale! Je m'oppose à tout les excès, je discipline la
révolte afin d'en rester maitre, d'en arrêter les progrès; j'empêche
l'effusion du sang, et je fais prévenir votre majesté que je réponds
de la soumission du peuple, si la grâce d'Anne de Boulen lui est ac-
cordée; vous la promettez, je dépose les armes et je n'implore de vous
que la permission d'éloigner de la cour une reine infortunée, dont
le seul crime est d'avoir pu croire à votre amour. Telle a été ma
conduite, sire. J'ai reçu votre parole royale, je la réclame, per-
suadé que les rois qui punissent le parjure, ne sauraient en donner
l'exemple.

HENRI.

Oses-tu nier que tu n'aies toi-même excité la rebellion.

ARTHUR.

Oui, sire, je l'oserai!

HENRI.

Téméraire!

ANNE.

Que faites-vous, Arthur!... Sire, c'est pour moi qu'il s'est
rendu coupable. Mais un instant d'erreur ne peut-il être effacé par
le souvenir de ses glorieux services. Arthur ne fut-il pas dans tous
les temps l'un des plus fermes appuis de votre trône! Songez que
vous avez promis...

HENRI.

Des promesses.... et depuis quand un roi traite-t-il avec ses
sujets.

ARTHUR.

Ainsi donc vous ne rougirez pas...

HENRI.

Je serai juste, Arthur, n'attendez rien de plus

ANNE, à part.

Il est perdu.

SCENE IX.

Les Mêmes, ALBERGENNY.

HENRI.

Eh bien!

ALBERGENNY.

Sire, des milliers de soldats entourent ce palais et sont prêts à
vous défendre. La tour de Londres a reçu une nombreuse garnison,
et vos fidèles constables s'empressent de disperser les factieux ; mais
la révolte n'est point entièrement dissipée. Des rebelles, rassemblés
près de ces lieux, demandent à grands cris sir Arthur, et jurent
de ne poser les armes, qu'après en avoir reçu l'ordre de leur chef.

ANNE.

Arthur, hâtez-vous...

HENRI, à Arthur.

Restez.

ALBERGENNY, bas.

Lady Seymour est maintenant en sûreté.

HENRI.

Il suffit, l'heure de la vengeance va sonner.

ANNE.

O ciel!

ARTHUR.

Qu'entends-je?

HENRI.

Que mes soldats se tiennent prêts au premier signal, et qu'un exemple terrible apprenne aux Anglais à respecter mes droits.

ARTHUR.

Quoi! c'est un souverain qui commande...

HENRI.

Emparez-vous d'Arthur.

ANNE.

Mon frère!

ARTHUR.

Ne craignez aucune résistance de ma part, j'ai pu croire à la clémence de Henri VIII, j'ai mérité mon sort.

ANNE.

Sire, au nom du ciel...

HENRI.

Arthur, connaissais-tu bien Henri, lorsque les armes à la main tu venais implorer la grâce de ta sœur! le voilà l'arrêt qui condamne une épouse infidelle, je l'ai signé au premier bruit de ta révolte.

ANNE.

Ah! que mon sang suffise à votre haine, épargnez mon frère.

HENRI, *à lord Abergenny.*

Faites votre devoir.

ARTHUR.

Anglais, ne souffrez pas qu'il immole votre reine.

HENRI.

Obéissez!

Il sort avec Arthur.

SCENE X.

ANNE, ALBERGENNY, Gardes.

ANNE.

Grâce, grâce pour Arthur. Barbare! tu me fuis, tu crains de voir mes larmes, tu crains que la pitié ne triomphe de ta haine; vas tu rendras compte un jour du sang que tu fais répandre, tes remords nous vengeront; achève ton ouvrage, donne le premier, à l'Europe, le spectacle d'une reine mourant sur l'échafaud; mais n'espère pas déshonorer ma vie, un jour on maudira ta cruauté, le tems absoudra ma mémoire, et mon sang retombera sur mes persécuteurs.

Elle est accablée.

SCENE XI.

Les Mêmes, CRAMMER.

CRAMMER.

Reine!

ANNE.

Ah! Crammer! c'est vous... mon frère...

CRAMMER.

Je sais tout... c'est moi qui l'ai livré à la vengeance de Henri.

ANNE.

C'en est fait, tous les liens qui m'attachaient à la vie sont brisés! la rage de Henri n'est point encore satisfaite! ma fille, peut-être, périra comme moi; mais du moins je ne serai pas témoin de ses souffrances.

CRAMMER.

Reine, mes larmes...

ANNE.

Ne plaignez pas mon sort, je l'ai mérité; il fut un tems où l'ambition et l'orgueil avaient endurci mon cœur, fière de porter le titre de reine, j'ai vu sans peine les maux que je causais à Catherine d'Arragon, victime de l'inconstance de Henri, ses chagrins l'ont conduite lentement au tombeau! Crammer, je souffrirais moins qu'elle.

CRAMMER.

Le roi permet que vous embrassiez encore votre fille.

ANNE.

Chère Elisabeth!

CRAMMER.

Elle ignore le sort qu'on vous prépare. Henri pour mieux s'assurer de sa victime, a laissé croire qu'il vous pardonnait, et que vous sortiez de ce palais pour quitter l'Angleterre.

ANNE.

Prolongeons cette erreur; qu'elle ne soupçonne point le malheur dont elle est menacée, notre séparation sera moins pénible. Hélas! elle apprendra trop tôt.... elle approche, mon Dieu, donne-moi la force de me contraindre en sa présence!

SCENE XII.

Les Mêmes, ÉLISABETH, LADY SEDLEY, Dames.

ELISABETH.

Tu vas quitter ces lieux, ma mère, et tu ne veux pas que je te suive.

ANNE.

Il le faut, ma chère Elisabeth, trop heureuse qu'on m'ait permis de t'embrasser encore.

ÉLISABETH.

Serais-je long-temps éloignée de toi?

ANNE.

Long-temps... oui... oui, ma fille, ne reproche jamais à ton père les malheurs qu'il m'a causés, redouble de soins pour mériter sa tendresse, songe que je ne serai plus là pour te protéger, et que de lui seul va dépendre ton avenir; mais l'heure s'écoule, viens, viens dans mes bras, et que tes caresses adoucissent l'horreur de notre séparation.

ÉLISABETH.

Ma mère, je sens couler tes larmes.

ANNE.

Elisabeth, si le sort devait long-temps me séparer de toi, que je sois toujours présente à ta pensée.

ÉLISABETH.

Toujours, toujours.

ANNE.

Tiens, prends cet anneau, je le reçus de ma mère mourante conserve-le pour l'amour de la tienne.

ÉLISABETH.

Ah! je te jure qu'il ne me quittera jamais!

La reine sort.

SCENE XIII.

ELISABETH, LADY SEDLEY, Dames.

ÉLISABETH.

Je ne sais pourquoi, mais je n'éprouvai jamais tant de douleur à me séparer d'elle..... Cependant, je ne dois plus rien redouter pour sa vie, le roi a révoqué l'arrêt du parlement; d'ailleurs, la révolte n'est point appaisée, et si le moindre danger menaçait la reine, mille bras seraient armés pour la défendre; si je voyais Arthur, il me semble que j'ai besoin d'être encore rassurée sur le sort de ma mère. (*On entend le tocsin.*) Quel est ce bruit? c'est un signal d'allarme! Mon Dieu, quel nouveau malheur ai-je encore à redouter? (*On entend un grand bruit.*) Le peuple fuit en désordre! les soldats le poursuivent! Ah! sans doute la reine est en péril! malheureuse Elisabeth!... (*Des gardes entrent, des dames veulent retenir Elisabeth.*) Laissez-moi, laissez-moi. Peut-être, hélas! ne reverrai-je plus ma mère!

Le roi paraît.

SCENE XIV.

Les Mêmes, HENRI, Officiers et Gardes.

HENRI, *avec rage.*

Point de pitié, que l'Angleterre frémisse en apprenant leur crime et ma vengeance.

ÉLISABETH.

Ah! sire, daignez me rassurer.

HENRI, *avec terreur.*

Elisabeth!

ÉLISABETH.

D'où vient ce tumulte? les jours de la reine sont-ils en sûreté?

HENRI,

Eloignez-vous.

ÉLISABETH.

Votre trouble augmente ma terreur... Répondez, où est ma mère?

Coup de canon.

HENRI, *à part.*

Sa mère!

ÉLISABETH.

Vous avez juré d'épargner ses jours... un roi ne peut manquer à ses sermens. Sire, rendez-moi ma mère.

Plusieurs coups de canon; cris de douleur en dehors.

HENRI.

Qu'on l'éloigne, sa présence est un supplice pour moi.

ÉLISABETH.

Non, non, je ne quitte pas vos genoux que vous ne m'ayez promis de me rendre ma mère.

Le bruit augmente.

SCENE XV ET DERNIERE.

Les Précédens, CRAMMER.

ÉLISABETH.

Ah! Crammer, pourquoi l'avez-vous abandonnée... où est-elle, où est ma mère?

CRAMMER.

Princesse infortunée, armez-vous de courage.

ÉLISABETH.

Ah! ma mère n'est plus!... Grand Dieu! puisse la foudre vengeresse écraser le... Malheureuse, c'est ton père que tu maudis ..

Elle tombe.

Anne de Boulen.   7

CRAMMER.

Prince, la meilleure des femmes, la plus fidèle des épouses, la plus tendre des mères, habite maintenant le ciel, d'où elle implore la miséricorde divine pour son persécuteur.

HENRI, *d'une voix affaiblie.*

Crammer!

CRAMMER.

Roi barbare! le pardon était dans votre bouche, quand la vengeance remplissait votre cœur; vous promettiez la paix, et vous ordonniez le carnage!

ELISABETH.

Quoi! vous osez!

CRAMMER.

Pour la dernière fois, je vous fais entendre le langage de la vérité! Regardez autour de vous... Vous n'y verrez que des victimes, vous n'entendrez que leurs gémissemens et le cri vengeur de la postérité, qui chargera de malédictions la mémoire de Henri VIII.

FIN.

De l'imprimerie de HOCQUET, rue du Faubourg Montmartre; n°. 4.

www.ingramcontent.com/pod-product-compliance
Lightning Source LLC
LaVergne TN
LVHW022154080426
835511LV00008B/1395